ZENSHO W. KOPP

La luz de la sabiduría

En el silencio interior, en la quietud del corazón, brilla la luz de la sabiduría de todos los Budas.

Este espíritu de Buda perfecto y omnipresente carece de obstáculos, es inconmensurable, vasto e ilimitado. Libre de toda apariencia existencial, es omnipresente en todo el universo. Es eternidad atemporal y consciente de sí mismo como una luz resplandeciente, más brillante que mil soles.

Sumérgete en tu ser más íntimo y regresa a esta fuente divina de tu Verdadero Ser.

Si experimentas tu verdadero Sí-Mismo como completamente uno con el yo de todos los seres, tienes en tu mano el sello puro del Dharma de Buda.

En medio de la ceguera espiritual de este mundo, vives brillantemente consciente y más allá de toda distinción en la sabiduría iluminadora de la no dualidad. Vives en armonía con el cielo y la tierra y atraviesas el nacimiento y la muerte como si atravesaras una puerta abierta.

Abandonarse a lo eterno es un vaciado interior, una apertura y un volverse transparente a la trascendencia. Cuando, de repente, el flujo constante del pensamiento llega a su fin, tu Verdadero Ser original se te revela brillante y claro.

Nuestro pensamiento discriminativo y conceptual debe callar si queremos escuchar la palabra divina que habla por sí misma en lo más íntimo de nuestro corazón.

Este silencio ante el infinito es un vaciarse y llenarse de la plenitud omnipresente de la presencia divina.

Cuando oigas la noticia de la muerte de alguien, debes tener siempre presente que tu vida también es efímera y que morirás con absoluta certeza. Solo el momento de tu muerte es incierto.

Esta certeza ineludible debería inspirarte a dejar de perder el tiempo con trivialidades mundanas y a esforzarte aún más en el camino espiritual. Así que vive tu vida de tal manera que puedas morir sin remordimientos en el momento siguiente.

Vuelve tu conciencia hacia dentro y no te desvíes de la clara autoconciencia de tu mente, tu naturaleza inmortal y verdadera.

Esta realización esencial de la unidad con la Mente-Plena divina se convierte en un caparazón protector para ti en el momento de la muerte.

Pero no haberse preparado para la muerte de esta manera en la vida y querer compensarlo rápidamente en el momento de la muerte es como cavar rápidamente un pozo para buscar agua cuando la casa ya está en llamas.

Cuando estamos en la naturaleza, es totalmente innecesario definir los pájaros, las flores y los árboles con el concepto independiente del etiquetado conceptual.

Mediante este hábito de limitar la naturaleza en una fijación conceptual, se produce una alienación de la experiencia viva, porque el sentimiento verdadero y puro ya ha sido sustituido por el concepto muerto y despojado de su vitalidad.

A través de este concepto de percepción dualista distorsionada, nos perdemos la belleza y la experiencia real del ser que solo se revela a nuestra percepción directa y pura.

Cuando tenemos experiencias especiales que tocan nuestro ser más íntimo, y contrastan totalmente con nuestras ideas generales e intelectualmente limitadas, nos quedamos interiormente en silencio. Damos un paso atrás y empezamos a reflexionar sobre el significado y el sinsentido de nuestra vida exteriorizada.

Este es el momento de gracia en el que nuestro Sí-Mismo verdadero y divino aparece y nos pide que vayamos más allá de la mente limitada.

Lo que impide el verdadero conocimiento y la realización espiritual es el hecho de que las personas no pueden reconocer qué es la realidad por sus ideas preexistentes y preconcebidas, solo por su percepción limitada de la misma.

Pero todas las teorías intelectuales son limitadas y erróneas. La mente no puede estar libre de ideas preconcebidas porque ella misma es una manifestación de conceptos.

El conocimiento superior solo llegará cuando nos liberemos de los conceptos que nos impiden ver con claridad.

El pseudo-Sí-Mismo, el engaño del ego, no tiene existencia real. No es más que un movimiento energético en el que el ego se adhiere a todo asidero y rechazo por la certeza de su propia mortalidad.

Sin este proceso de identificación, la conciencia del ego no podría mantener la ilusión de su unicidad individual, que siempre corre el peligro de disolverse.

Al reconocer y realizar la no dualidad de todo ser, entramos en el reino de la libertad ilimitada de la mente Zen. Es una realización de la conciencia clara y la experiencia de ser completamente uno con todo.

Si somos así de conscientes del momento presente, barrer una escalera es tan sagrado como encender incienso en un templo.

El Zen es la verdad más allá de las palabras y no ofrece explicaciones eruditas ni filosóficas. Con franqueza inmediata, se refiere siempre a la materia misma para quitar el terreno a toda astucia teórica.

El Zen dice: „Si quieres saber a qué sabe el té, bebe té".

Solo cuando te sumerjas en el océano de sabiduría de la resplandeciente Mente Única sabrás qué es la verdad.

La luz radiante de la omnipresencia divina de la Mente-Plena original, inconmensurable y portentosa impregna todo el universo.

En el centro mismo de tu corazón, se revela como tu Verdadero Ser: el Yo-Soy eterno.

Despierta del sueño de la inconsciencia a tu Verdadero Existir y te darás cuenta de que nada existe por separado y fuera del yo. Porque todo es la Mente Única, al lado de la cual no existe nada más.

En este mundo exterior de apariencias, todo está sujeto al cambio y, por tanto, al nacimiento y a la muerte. Pero el Verdadero Sí-Mismo no muere. Es eterno e inmutable y, por tanto, no puede verse afectado por la muerte.

Por lo tanto, en el momento de tu muerte, debes entregarte completamente a lo que está sucediendo, lleno de confianza y devoción. Porque en el momento en que el aferramiento a la ilusión de un ego se derrumba, la luz radiante de la Mente Única aparece para recibirte.

Si pasas tu vida en la rutina sin sentido y la inconsciencia indiferente, te pierdes la presencia constante del Ser divino, que se revela en toda su plenitud aquí y ahora.

La realidad divina es el ahora absoluto y, por lo tanto, solo puede experimentarse en presencia consciente de una clara alerta espiritual en el aquí y ahora.

El hecho de reconocernos a nosotros mismos significa reconocer a Dios. Porque nuestro Verdadero Sí-Mismo es la realidad divina. En su omnipresencia, impregna todo el universo y resplandece desde todas las cosas.

La verdadera autorrealización, por tanto, no significa otra cosa que llegar a ser uno con la totalidad abarcadora de todo ser.

Se trata del retorno a nuestro estado original más allá del nacimiento y la muerte.

Si miras al cielo nublado al anochecer y no ves la luna, podrías decir: „Hoy no hay luna".

Pero la luna siempre está ahí, igual que la Mente Única que brilla tras las nubes oscuras del pensamiento discriminativo y conceptual.

La Mente Única siempre está presente, solo que tú no lo estás.

Toda persona despierta que desee compartir con otras personas su experiencia de la realidad más elevada, más allá del nacimiento y la muerte, debe darse cuenta de que muy pocas personas están interesadas en hacerlo.

Lo que tiene que decir a los demás es para ellos como la luz del sol cegador del mediodía, de modo que prefieren retirarse a la semioscuridad más cómoda de la rutina sin sentido y la inconsciencia espiritual indiferente.

¿Para qué molestarse con la basura de la especulación intelectual de la erudición filosófica?
¿De qué sirve rebuscar como una cabra por todos los rincones y tener en la boca viajas palabras?

Busca más bien en tu propio tesoro, pues la verdad que buscas está más cerca de lo que imaginas: está dentro de ti.

La claridad radiante de la Mente Única es la realidad omnipresente, constante y absoluta.

Su verdadera naturaleza, en su pureza; es como el glorioso resplandor de una bola de cristal impecable, y nunca se ve empañada por las manchas del samsara.

Esta mente, nuestro Verdadero Sí-Mismo, es Buda desde el principio.

La pregunta: „¿Dónde vamos después de la muerte?" es una pregunta errónea y completamente equivocada. Más bien, la pregunta correcta es: „¿Qué somos después de la muerte?".

Porque el difunto, es decir, su conciencia esencial, no alcanza el otro modo de ser, esta otra dimensión, viajando a través de un movimiento espacio-temporal.

Llega a ella mediante un cambio de conciencia.

Los que aman de verdad experimentarán que el amor verdadero siempre ocurre cuando dos personas no solo se encuentran, sino cuando la otra persona se reconoce como perteneciente a ti. Experimentas una conexión y una unidad tan grandes con la otra persona que la vives como parte de ti mismo.

Este amor real y verdadero siempre está dispuesto a dar de sí mismo sin pedir nada.

El verdadero amor no exige nada en absoluto, solo lucha por la unidad.

La luz radiante de tu Verdadero Sí-Mismo brilla en el centro mismo de tu corazón, pero no la ves.

Vuélvete hacia dentro, entra en ti mismo, sumérgete en el espacio profundo de tu corazón. Y en un bendito momento, el ojo de la sabiduría de la realización se abrirá ante ti.

Los grilletes que atan al nacimiento y a la muerte se desprenderán de ti y permanecerás en la gloria radiante y sin nubes de tu Verdadero Ser.

La sonrisa de Buda está llena de serenidad tranquila y paz interior, porque expresa amor ilimitado, compasión que todo lo abarca y benevolencia.

Toda persona verdaderamente iluminada vive en la presencia alerta de la conciencia clara del momento presente y, por tanto, irradia paz interior de un modo muy natural. Es una paz que emana hacia el exterior y transforma a quienes están dispuestos a recibirla.

Quienes han despertado a la realidad de su Verdadero Sí-Mismo viven en armonía con el cielo y la tierra, en la totalidad abarcadora del Ser. Esto se refleja en su corazón abierto y en su amor compasivo por todos los seres.

No lucha ni discute con nadie, porque se ha conquistado a sí mismo.

Para llegar a ser espiritualmente libres y creativos en conciencia, es necesario que vayamos más allá de las pautas limitadas del pensamiento discriminatorio y del aferramiento a los recuerdos de nuestro pasado muerto.

Porque el aferramiento a nuestra identidad pasada solo refuerza el concepto del ego e impide cualquier verdadera transformación espiritual.

La realización del no-deseo es uno de los elementos esenciales del budismo. Pero el no-deseo se malinterpreta con demasiada facilidad como indiferencia. Pero la indiferencia solo refuerza la ilusión del ego, porque es el resultado de la inercia mental y de la falta de compasión por el sufrimiento de otros seres.

El verdadero no-deseo, en cambio, significa mantener el amor omnímodo y la firmeza del espíritu en todas las situaciones de la vida cotidiana.

Somos el resultado de una visión condicionada y limitada, basada en nuestro pensamiento y en la ignorancia de nuestro Verdadero Sí-Mismo.

El camino hacia la realización de nuestro Ser Verdadero y original comienza con el reconocimiento de la esencia espiritual inmutable que hay en nosotros. Esta es la luz pura del espíritu y solo puede experimentarse en lo más profundo del corazón, en un estado de perfecta quietud espiritual.

"El trueno en un cielo azul claro", en el lenguaje del Zen, es la experiencia de iluminación de despertar súbitamente del sueño del cuerpo, la mente y el mundo. Sin embargo, esto solo ocurrirá con absoluta certeza cuando estés libre del miedo a no volver a la vida tras la muerte mística.

Ocurre cuando la persona menos se lo espera y el ego ilusorio se ha rendido por completo.

En el desapego de nuestra visión dualista y limitada del Yo y el Tú, de sujeto y objeto, nos damos cuenta de una conexión serena y espontánea con todos los seres, impregnada de bondad natural.

En esta liberación de nuestra mentalidad egocéntrica, nos encontramos libres y en perfecta armonía con todos los fenómenos.

La cuestión del nacimiento y la muerte, en lo que respecta al Verdadero Sí-Mismo, es un completo sin-sentido.

Nadie va ni viene. Eres infinito, más allá de la ilusión del espacio y el tiempo, porque tu verdadera naturaleza es la eternidad atemporal. No existe ningún yo individual. Entonces, ¿qué podría ir y venir?

Toma conciencia, despierta a la realidad de tu Verdadero Sí-Mismo, y el sueño del cuerpo, la mente y el mundo y del ir y venir se disuelve.

Es la propia Mente-Plena divina la que nos mueve a buscarlo y a hacernos uno con ella. Por eso el hombre la busca en lugares sagrados como iglesias, templos y tierras lejanas.

Pero en algún momento, tras una larga búsqueda, finalmente encontramos el camino de vuelta a nosotros mismos y nos damos cuenta de que Él, a quien buscábamos en el exterior, siempre estuvo presente como nuestro Verdadero Ser en lo más íntimo de nosotros.

El ego no es más que un mecanismo de reacción inconsciente. No es una inteligencia consciente y, por tanto, sus reacciones ante determinadas circunstancias suelen ser muy incontroladas.

A menudo incluso contradicen nuestro sentido común y pueden ser extremadamente infantiles.

Solo puede controlarse mediante la presencia absoluta de la conciencia espiritual y la calma y serenidad interiores.

Somos como las olas en la superficie del mar. Como una ola individual, estamos constantemente muriendo y renaciendo una y otra vez. Lo único inmutable, más allá de todo cambio, es el mar.

Pero la ola es el mar y nosotros somos la Mente Única. Nuestro Verdadero Ser es inmutable y está más allá del nacimiento y la muerte. Esto significa que somos inmortales.

Para despertar a tu Sí-Mismo inmortal y verdadero, en realidad no necesitas hacer nada en absoluto. Porque es tu verdadera naturaleza inherente y no algo que debas alcanzar.

Así que siéntate, permanece desapegado y relajado y mantente en la conciencia de la mente. Como estás constantemente bajo el impulso interior de hacer algo, muchos pensamientos pasarán por tu cabeza.

Pero pase lo que pase, permanece claramente consciente en tu estado natural, observa, simplemente, sé un testigo no implicado y sin referencia, y la meditación sucederá por sí misma.

El Zen es la verdad más allá de todas las palabras y se eleva por encima de los estrechos límites del pensamiento discriminativo y conceptual. Su profunda verdad está más allá de lo que puede explicarse intelectualmente y solo puede comprenderse a través de la percepción directa e intuitiva.

Por eso el Zen es el camino más secreto, más directo y más elevado hacia la liberación, hacia la budeidad.

Solo tiene un objetivo: la realización y la toma de conciencia de la verdadera naturaleza de la Mente, nuestro Verdadero Ser más allá del nacimiento y de la muerte.

Solo cuando alcances los límites de tu capacidad mental, alcanzarás el punto en el que se te revelará la verdad que buscas. Cuando se agotan todos los conceptos de tu pensamiento discriminativo y conceptual, la luz brillante y original aparecerá sobre ti y te elevarás por encima del espacio y del tiempo y de todas las ilusiones.

El sueño del cuerpo, la mente y el mundo se disuelve en la gloria radiante de la Mente Única: tu Ser original y verdadero.

En el momento de tu despertar del sueño del cuerpo, la mente y el mundo, se revela en el mismo instante la ilimitada extensión de tu verdadero ser. Todo el mundo ilusorio de las apariencias se disuelve en el maravilloso resplandor centelleante de la realidad superior.

Se rompe el muro de la muerte, se rasga el velo de Maya y resplandece la luz radiante de tu Verdadero Sí-Mismo.

En la certeza de la vacuidad de todo ser, obtenida mediante la visión clara meditativa de la mente, reconocemos que todas las cosas son la expresión ilusoria y mágica de nuestra propia mente.

Esto significa que el mundo exterior de las apariencias es en su verdadera esencia lo mismo que percibe la mente.

Lo inexistente parece tan real y claro como el reflejo de la luna en el agua.

Nuestra alienación, inducida por el engaño del ego, de la totalidad abarcadora del Ser es una alienación de la vida, que así se vuelve insatisfecha y problemática.

Como consecuencia de nuestra existencia alienada, nos sentimos aislados de los demás seres. Nos sentimos inseguros y confusos y transferimos nuestro deseo de seguridad a objetos y personas externas.

Pero solo viendo a través de la naturaleza engañosa y la vacuidad de todos los fenómenos se revela la realización de la unidad inseparable de toda vida.

La realización espiritual presupone la profunda comprensión previa de la no-separación de todos los seres.

Tal apertura holística incluye una empatía total con los seres que sufren atrapados en el ciclo de la existencia. Pues allí donde tu conciencia es incapaz de llegar con todos sus sentidos y poderes, puede llegar mediante el poder del amor divino.

Esto requiere una actitud mental básica que esté abierta a la vida en su universalidad sin ninguna limitación.

Las palabras del Maestro son el dedo que señala la luna. La luna es la realidad, el dedo es solo la insinuación.

Sin embargo, confundes el dedo con lo que señala. Estudias el dedo. Estudias las diversas filosofías y religiones y crees que así encontrarás la verdad.

Pero la luna es la verdad que buscas, no el dedo.

Nada es realmente más importante en la vida que reconocer nuestro Verdadero Ser.

En realidad, no se requiere ningún esfuerzo externo y no necesitamos ir a ninguna parte para reconocer nuestra verdadera naturaleza inmortal. La ola en la superficie del mar no necesita buscar el mar en ninguna parte, porque es el mar mismo.

Somos lo que buscamos. Lo que queremos llegar a ser, ya lo somos en lo más profundo de nuestro ser, solo tenemos que reconocerlo.

El Verdadero Sí-Mismo es la Mente Única, al lado de la cual no existe nada más; es la única Existencia, como el mar y sus olas, y por ello debe ser visto y experimentado como un todo que lo abarca todo.

Así que haz que tu mente sea amplia y abierta como el espacio ilimitado y libérate de tu punto de vista múltiple y discriminador.

En la conciencia clara como un espejo de la Mente, penetras directamente en la verdadera esencia de todas las cosas.

La verdadera conciencia Zen lo impregna todo con una mente clara en todo momento, se desprende interiormente de los fenómenos externos y actúa libremente y sin ataduras, en todas partes y en la armonía correcta.

Así que acostumbra a tu mente a dejarla morar en la presencia absoluta del presente inmediato, en la autoconciencia silenciosa en todo lo que hagas y dondequiera que estés.

Solo cuando experimentas el silencio como vida puedes realizar tu Ser divino.

El Amor, que es Dios mismo, es una conciencia espiritual pura y una conciencia multidimensional que todo lo abarca, que se reconoce y se ama a sí misma como a sí misma en todo.

Si tu corazón está lleno de amor divino, entonces no hay nada que veas como separado de ti, porque el verdadero amor no reconoce una multiplicidad separadora, sino en todo una revelación del Uno en su ilimitada diversidad.

En realidad, no existe un ego autoexistente ligado al ciclo del nacimiento y la muerte. La idea de un ego personal es el aferramiento real.

La individualidad real y verdadera solo se realiza cuando nos liberamos de las estrechas cadenas de nuestros conceptos. Entonces nos elevaremos por encima de las oscuras brumas de las apariencias hacia la luz radiante de nuestro verdadero ser y habremos realizado nuestra naturaleza de Buda.

La verdadera renuncia no es una negación del mundo o una huida hacia la soledad, sino que renuncies al ego, a tu idea de ti mismo, junto con la red de recuerdos de tu pasado muerto.

La verdadera renuncia no es la renuncia a las cosas externas y el desprecio del mundo, sino el desprendimiento de la ilusión de tu ego con la convicción de tu unicidad individual y el apego interior a las cosas.

Nuestro Sí-Mismo Verdadero y divino es la identidad pura, el eterno „yo soy", es el Ser mismo, que es consciente de sí mismo y, por tanto, conciencia absoluta. Esto significa que Dios es conciencia y debe ser adorado como conciencia pura y absoluta.

La idea general de un Dios de trascendencia inalcanzable es una blasfemia y un materialismo craso. Si los niños pequeños creen en un Dios en el cielo, está bien. Pero si los adultos se aferran a esta noción infantil, es un error desastroso.

La mente pacífica, autosuficiente y clara es nuestra realidad. Cuando surgen pensamientos, se vuelve inquieta. Pero cuando los pensamientos se desvanecen, descansa y se vuelve tranquila y clara.

La sencilla simplicidad de la mente conduce al silencio. En esta quietud, el silencio ante el infinito, se revela el Verdadero Sí-Mismo.

Pero solo cuando nos liberamos de nuestra inquietud interior con el deseo compulsivo de esforzarnos por alejarnos del ahora y la urgencia constante de tener que hacer algo, nos acercamos a la paz y la libertad del reino de Dios que hay en nosotros.

La meditación sin verdadera devoción a la realidad más elevada de la Mente Única carece de corazón. Pues solo a través de la devoción sincera alcanzará tu meditación verdadera profundidad y claridad.

Solo mediante esta confianza inquebrantable en tu Sí-Mismo Verdadero e inmortal, que siempre llevas dentro de ti en lo más íntimo de tu ser, podrás despertar a tu verdadera naturaleza.

Entonces te encontrarás cara a cara con el Buda original de tu propia mente.

Para realizar la verdad del Zen, es necesario complementar el pensamiento claro con la intuición y equilibrar el sentarse en contemplación con la acción activa.

Rompe el nudo de la dualidad y realizarás la sabiduría de la no dualidad.

El verdadero camino del Zen está más allá de toda distinción entre lo sagrado y lo profano. Es la Mente siempre presente, que está completamente libre de toda aceptación y rechazo.

En la realización de esta claridad mental sin discernimiento, alcanzas la inconmovilidad de la Mente en todas las situaciones de la vida.

Todo el mundo exterior de apariencia que experimentas no tiene un ser real y sustancial en sí mismo. No tiene más realidad que tu sueño de anoche.

No hay nada fuera de tu conciencia interior.

Si has alcanzado la claridad de visión sin discernimiento, entonces la Mente y el mundo exterior de las apariencias son uno.

La ley universal del cambio eterno de todo ser es la gran transformación que, en última instancia, lo disuelve todo en la realidad última.

No te aferres a nada, sé amplio y abierto como el cielo y estarás en perfecta armonía con la ley universal de la transformación.

En esta realización espiritual, experimentas lo inmutable en medio de todo cambio.

Pie de imprenta

Primera edición 2024

Título original "**Das Licht der Weisheit**"

publicado por Spirit Rainbow Verlag, Aachen, Alemania 2024

Idea y diseño original: Verena Kopp
Edición de imágenes: Reinhard Zanella
Traducción: Ignacio Vega
Maquetación& Diseño de la cubierta: Reinhard Zanella
Projektkoordination: Jörg Zimmermann
Foto de la contraportada: Axel Jung

Editor: BoD · Books on Demand GmbH,
In de Tarpen 42, 22848 Norderstedt, bod@bod.de
Impresión: Libri Plureos GmbH, Friedensallee 273, 22763 Hamburg
© 2025 Maestro Zen Zensho W. Kopp
ISBN: 978-3-7693-2747-2

Zensho W. Kopp, nacido en 1938, es uno de los maestros espirituales más autorizados de la actualidad y enseña una vía contemporánea de realización espiritual. Autor de renombre internacional y con numerosos libros espirituales y audiolibros, enseña a una gran comunidad de estudiantes y dirige el Centro Zen Tao Chan en Wiesbaden, Alemania.

Tao Chan Zentrum e.V., Asociación sin ánimo de lucro, Wiesbaden, Alemamia.
Más información: **www.tao-chan.org/es/**

Dos veces al mes, el Centro Zen Tao Chan organiza una velada Zen en línea con una charla del maestro Zen Zensho W. Kopp, a la que también pueden asistir los interesados. También existe la posibilidad de hacer preguntas personales al maestro Zen Zensho.

Inscripción en la velada Zen en línea:

www.tao-chan.org/es/eventos/eventos-jornada-zen.html

Centro Zen Tao Chan:

www.youtube.com/@centrozentaochan

Para disfrutar del contenido y las charlas del Maestro Zensho, suscríbase gratuitamente aquí: www.youtube.com/@centrozentaochan

Facebook Centro Zen Tao Chan:

www.facebook.com/centrozentaochan

Créditos

Vecteezy

1. de Mister do – imagen no. 7189545

2. de Mister do – imagen no. 7189538

3. de Mister do – imagen no. 5272635

4. de Mister do – imagen no. 6470276

5. de justcallmeacar – imagen no. 7190719

6. de chitrogiri936411 – imagen no. 20663832

Freepik

1. https://de.freepik.com/vektoren-kostenlos/gluecklicher-buddha-purnima-religi-oeser-hintergrund-fuer-glauben-und-frieden_40856985.htm#query=buddha%20silhouette&position=4&from_view=keyword&track=ais

2. https://de.freepik.com/vektoren-kostenlos/statue-von-buddha-silhouet-te_2614608.htm#query=buddha%20silhouette&position=10&from_view=keyword&track=ais

Otros libros de Zensho W. Kopp

también disponible eBook / Versión Kindle

Vida desde la
plenitud interior
116 páginas, 9,80 €

El poder del
silencio interior
104 páginas, 9,80 €

La radiante claridad
de la mente
138 páginas, 9,80 €

La Inmortalidad del
Verdadero Sí-Mismo
106 páginas, 10,90 €

El ascenso de la
luz interior
114 páginas, 10,90 €

La llama de
la consciencia
126 páginas, 13,60 €

El ahora
es la Eternidad
114 páginas, 9,80 €

EL Secreto del verdadero
autoconocimiento
128 páginas, 13,90 €

**Todas las publicaciones de Zensho pueden encontrarse
y adquirirse aquí: www.tao-chan.org/es/**

Otros libros de Zensho W. Kopp

también disponible eBook / Versión Kindle

Las imágenes de los
bueyes del Zen
212 páginas, 9,95 €

La vida verdadera
mediante el ZEN
140 páginas, 10,99 €

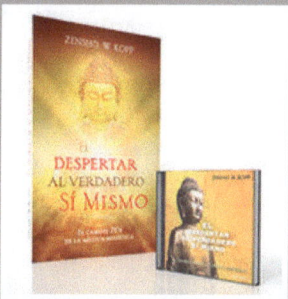

El despertar al
Verdadero Sí Mismo
140 páginas, 11,99 €

Lao-tse Tao Te King
El libro del Tao y su Virtud
120 páginas, 9,95 €

Otros libros de Zensho W. Kopp

también disponible eBook / Versión Kindle

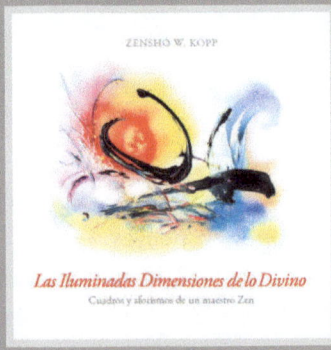

El arte moderno Zen, Pinturas y aforismos de un Maestro zen occidental. 124 páginas, 16,50 €

Las Iluminadas Dimensiones de lo Divino, Cuadros y aforismos de un maestro Zen. 140 páginas, 10,50 €

Todas las publicaciones de Zensho pueden encontrarse y adquirirse aquí: www.tao-chan.org/es/